30/31 Janvier 1908 V

VENTE
des 30 et 31 Janvier 1908
HOTEL DROUOT – SALLE N° 1

EXPOSITION PUBLIQUE
Le Mercredi 29 Janvier 1908

COLLECTION DE M. K***

Tapis de Perse

DE PRIÈRE ET DE MOSQUÉES

DES XVIE, XVIIE & XVIIIE SIÈCLES

Etoffes anciennes Brodées et Brochées

OBJETS DE CURIOSITÉ

M^E HENRI BERNIER
COMMISSAIRE-PRISEUR

M. ARTHUR BLOCHE
EXPERT PRÈS LA COUR D'APPEL

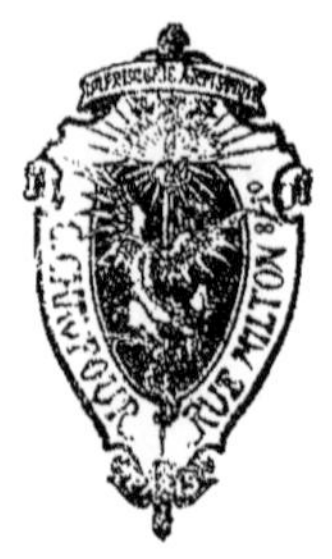

CATALOGUE

DES

TAPIS DE PERSE

DES

XVIme, XVIIme & XVIIIme SIÈCLES

de Schah Abbas, Ferahan, Hamadan, Tabriz, Khorassan Chiraz, Kurdistan

TAPIS DE PRIÈRE ET DE MOSQUÉES

en Soie, en Velouté et à Reflets

ÉTOFFES ANCIENNES, BRODERIES, VELOURS, BROCARTS

Panneaux, Tapis, Coussins, Napperons, Costumes

OBJETS DE CURIOSITÉ

Anciens Manuscrits avec Miniatures et Enluminures

richement reliés

Laques, Bois sculptés, Armes, Fers et Aciers damasquinés
Cuivres gravés, Instruments de musique
Faïences, Pièces de forme, Plaques de revêtement

Formant la collection de M. K...

ET DONT LA VENTE AURA LIEU

HOTEL DROUOT — SALLE N° 1

Le Jeudi 30 et Vendredi 31 Janvier 1908

A 2 HEURES 1/4

Me Henri BERNIER	M. Arthur BLOCHE
COMMISSAIRE-PRISEUR	EXPERT PRÈS LA COUR D'APPEL
11, Rue Saint-Lazare, 11	*52, Rue de Châteaudun, 52*

CHEZ LESQUELS SE DISTRIBUE LE PRÉSENT CATALOGUE

EXPOSITION PUBLIQUE

Le Mercredi 29 Janvier 1908, de 2 à 6 heures

CONDITIONS DE LA VENTE

Elle sera faite au comptant.

Les acquéreurs payeront *dix pour cent* en sus des enchères.

L'exposition permettant au public de se rendre compte de l'état et de la nature des objets, il ne sera admis aucune réclamation une fois l'adjudication prononcée.

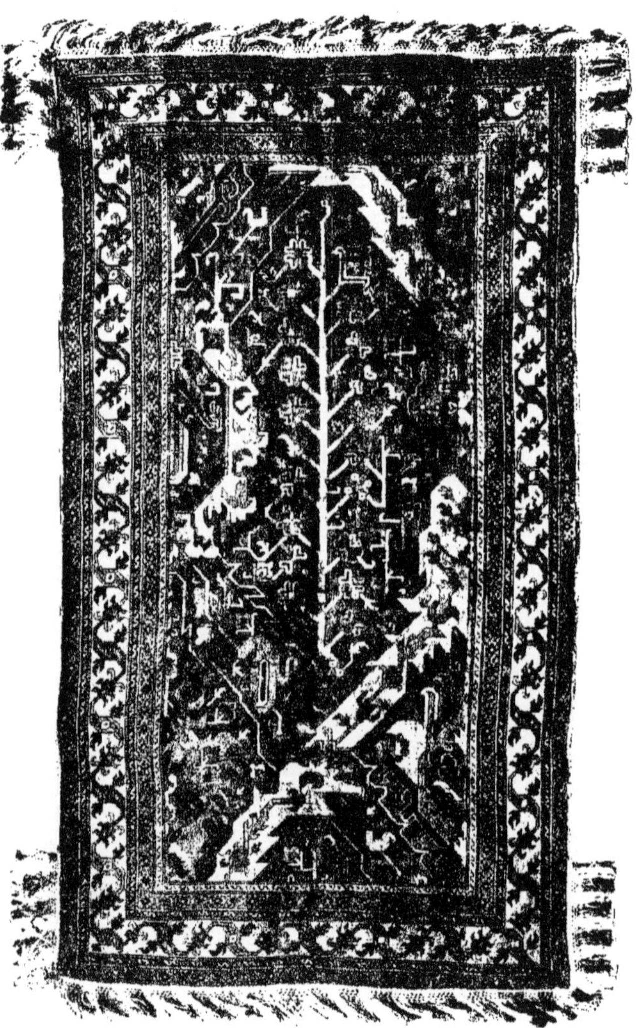

N° 1

DÉSIGNATION

TAPIS ANCIENS

1 — Tapis Scha-Abbas, fond rouge médaillon à losanges, dessin arbres fleuris, bordure à trois rayons fond blanc à arabesques, XVIe siècle.

2 — Tapis turcoman ancien tissu velouté très fin, dessin à damier fond rouge, ombré de noir offrant des motifs très délicats et variés sur fond orange.

3 — Tapis de soie de Kéchan, fond rouge cerise, dessins à médaillons, bordure polychrome.

4 — Tapis de soie de prière, de Tabriz, fond rouge, desssin très fin représentant une mosquée au milieu de laquelle est suspendue une veilleuse: bordure formée par deux colonnes.

5 — Tapis de prière de Ferahan, fond crême, dessin représentant un grand médaillon à animaux et oiseaux aux angles.

6 — Tapis de Hamadan, fond bleu foncé à dessin polychrome.

Long. : 4m90. Larg : 1m65.

7 — Beau tapis de Khorassan, fond bleu velouté, dessin polychrome.

Long. : 1m85. Larg. : 2m50.

8 — Tapis Mir, fond rouge, dessin à palmettes.

Long. : 5m60. Larg. : 2m50.

9 — Tapis de Ferahan, fond bleu à dessins variés et angles ornementés.

Long. : 4m90. Larg. : 2 mètres.

10 — Chemin de Ferahan, fond bleu foncé, dessin à palmettes.

Long. : 4 mètres. Larg. : 1 mètre.

11 — Chemin de Mir, fond rouge, dessin à palmettes.

Long. : 4m50. Larg. : 0m95.

12 — Chemin de Ferahan à dessins variés sur fond bleu.

Long. : 3 mètres. Larg. : 0m90.

13 — Chemin de Chiraz, fond velouté, dessin à médaillon au milieu de rosaces et d'arabesques.

Long. : 4m70. Larg. : 1m05.

14 — Chemin en poils de chameau, fond velouté, dessin dit mosaïque.

Long. : 5m10. Larg. : 1m05.

15 — Chemin de Ferahan, fond rouge, dessin à palmettes.

Long. : 2m85. Larg. : 0m85.

16 — Tapis de Khorassan, fond jaune velouté, dessin à rosaces et palmettes; bordure fond rouge.

Long. : 3m80. Larg. : 1m65.

17 — Tapis du Kurdistan, dessin à palmes sur fond bleu ; bordure fond rouge.

Long. : 4m60. Larg. : 1m90.

18 — Tapis de Chiraz, fond rouge, dessin à palmettes.

Long. : 3m80. Larg. : 1m85.

19 — Tapis de prière de Tabriz fond rouge, dessin à médaillons; bordure fond bleu.

20 — Tapis de prière de Ferahan, fond orange, dessin à grand médaillon et angles ornementés.

21 -- Carpette du Kurdistan, dessin à médaillon sur fond rouge.

Long. : 5m30. Larg. : 2m30.

22 — Chemin du Kurdistan, fond bleu velouté, dessin à médaillons; bordure fond jaune.

Long. : 3m65. Larg. : 0m85.

23 — Chemin du Kurdistan, fond bleu, dessin à médaillons et oiseaux; bordure fond marron.

Long. : 3 mètres. Larg. : 1m10

24-25 — Deux petites carpettes de Chiraz, dessin à rosaces sur fond bleu.

26 — Tapis de Tabriz, dessin à bouquets de fleurs sur fond rouge.

27 — Petit tapis rond de Sineh, fond jaune, dessin à médaillons.

28 — Petit tapis du Béloutchistan, dessin polychrome.

29 — Tapis de prière à double face fond blanc, à dessins variés.

30 — Tapis de prière en soie, avec médaillon dessin polychrome.

31 — Grand tapis du Kurdistan, dessin Schah-Abbas, bordure fond bleu dite Mustofi.

32 — Bande en tapis turcoman tissé en relief.

33 — Carpette de Soumaghé.

34 — Carpette de même provenance.

35 — Tapis de prière, fond bleu velouté à reflets, dessin Schah-Abbas.

36 — Tapis de prière de Ferahan, fond bleu, dessin très fin, médaillons, palmettes et ornementé aux angles.

37 — Tapis de prière de Ferahan, fond blanc à dessin polychrome.

38 — Petit tapis, fond bleu dessin à médaillons en polychrome.

39 — Petit tapis, de même provenance.

40 — Tapis de Karabaghé, fond rose, dessin à médaillon.

Long. : 3 mètres. Larg. : 1m50.

41 — Tapis carré de Loristan à poils longs, fond jaune, dessin à médaillon.

42 — Tapis de Tabziz, fond bleu foncé, dessin velouté Schah-Abbas, à feuillages et rosaces; au milieu d'arabesques, bordure fond bleu clair. Il offre la particularité de contenir toutes les couleurs.

Long. : 4 mètres. Larg. : 3 mètres.

43 — Tapis de prière, fond bleu turquoise, à dessin polychrome et double face.

44 — Petit dessus de coussin, à médaillon avec inscription.

45 — Petit dessus de coussin, à médaillon avec inscription.

46 — Petit tapis de Chiraz, fond blanc dessin, rosaces et feuillages au milieu d'arabesques et d'oiseaux.

47 — Petit tapis de prière, dessin mosquée et palmette avec inscription.

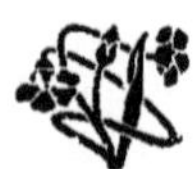

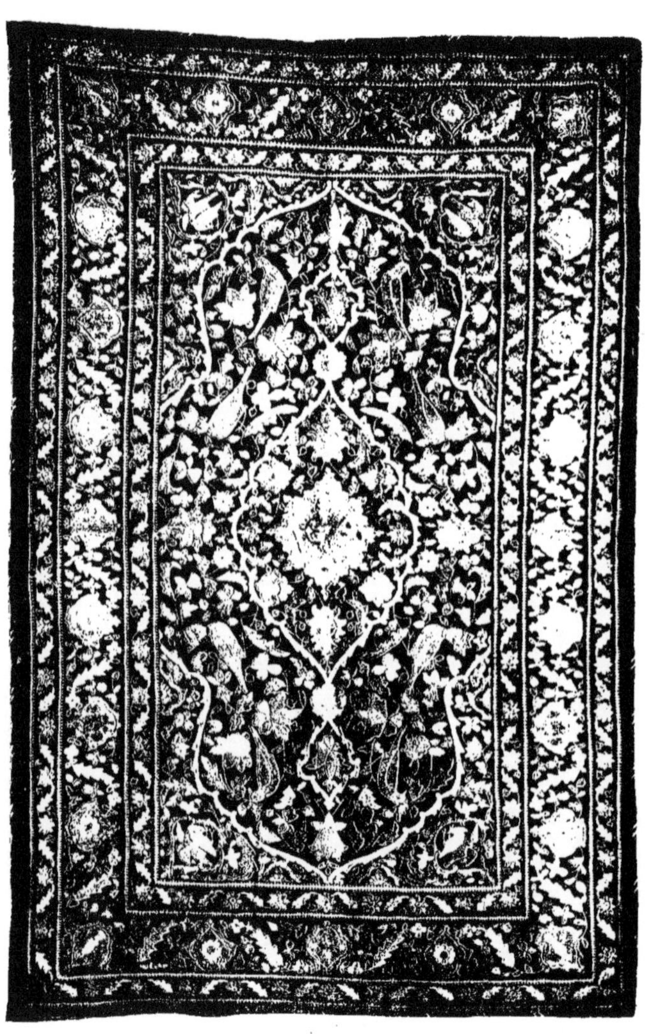

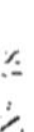

ÉTOFFES — BRODERIES

48 — Beau tapis de prière en velours rouge, couvert d'ancienne broderie d'or et d'argent, dessin des plus fins offrant au centre les armes de Perse, tout autour des entrelacs fleuris et feuillagés avec oiseau à tête humaine et couronnée; bordure à guirlandes entrelacées et médaillons à fleurs. Travail ancien.

49 — Tapis de soie tissée d'or et d'argent, fond violet à semis de feuillages, offrant au milieu une tour posée sur un vase fleuri avec paons et oiseaux, inscription d'Ispahan aux angles, indiquant qu'il avait été fabriqué pour le roi Mouzefer-ed-Dine.

50 — Petit tapis carré en satin havane, brodé d'or, d'argent et de soie à rosaces et tulipes, bordure fond rouge à fleurs et feuillages. Travail ancien.

51 — Petit tapis carré en satin bleu, brodé en fil et en soie, à rosaces et entrelacs fleuris. Travail ancien.

52 — Petit tapis carré en velours rouge, brodé d'or et d'argent à entrelacs de feuillages avec rosace au centre.

53 — Tapis en soie vieux rose richement brodée au passé, au chenillé et à paillettes, offrant une jardinière avec longue gerbe de fleurs sous un soleil rayonnant, et des oiseaux dispersés dans des branchages, encadrement à entrelacs fleuris, d'une grande élégance de dessin, XVIIIe siècle.

54 — Fragment de tapis du XVIe siècle, fond rouge à fleurs et rosaces.

55 — Tapis rectangulaire en soie rouge, couvert de fine broderie de soie polychrome, offrant au centre une gerbe de fleurs enrubannée sous un arceau fleuri encadré de guirlandes et de bouquets détachés avec inscription poétique. Travail délicat du XVIIIe siècle.

56 — Panneau de soierie bleue, brodée à paillettes, dessin à ornements, bordure fond orange. Travail ancien.

57 — Petit tapis rectangulaire en velours groseille richement brodé à rosace fleurie au centre, bordure à arabesques.

58 — Petit tapis rectangulaire en velours violet, brodé à rosaces et branchages fleuris, fond à paillettes.

60 — Tapis carré en soie rouge brique brodée en soie et à paillettes, rosace et dessin genre cachemire, XVIIIe siècle.

61 — Tapis rectangulaire en cachemire de Perse, broderie polychrome.

62 — Deux petits dessus de coussins en broderie de perles polychromes.

63 — Tapis rond fond rouge, brodé à paillettes, rosace entourée d'arabesques.

64 — Tapis rectangulaire en filet brodé de soie. Travail ancien.

65 — Écharpe en filet vieux rose.

66 — Trois gilets persans anciens finement brodés.

67 — Deux dessus de coussins en broderie à fleurs et feuillages sur fond gris fer.

68 — Gilet persan très finement brodé, dessin en diagonale.

69 — Petit napperon de prière en broderie de soie sur fond de soie blanche, dessin mosquée, bordure à jour. Travail ancien.

70 — Petit napperon carré de prière, brodé en soie blanche sur fil de lin, dessin mosquée. Travail ancien.

71 — Tapis carré en soie blanche brodée d'oiseaux et de fleurs en soie polychrome. Travail chinois.

72 — Deux écharpes blanches et violettes en gaze brodée.

73 — Paire de bottes en velours violet brodé en fin.

74-75 — Panneaux en broderie de soie blanche sur fond de gaze, dessin aux lions, aux oiseaux et à la tour.

76 — Deux napperons carrés même travail, dessin à carrelages.

77 — Six mouchoirs même travail.

78 — Six serviettes à thé même travail.

79-80 — Vingt-quatre serviettes à thé même travail.

81 — Petit tapis en ancien velours de Cachan, petit dessin rouge sur fond tissé d'or, bordure à arabesques.

82 — Tapis rectangulaire en brocart d'or fond rouge, bordure de soie brochée fond gris.

83 — Tapis en soie fond bleu brochée, dessin mosaïque, bordure satin gros bleu.

84 — Petit tapis en drap d'or, dessin genre cachemire.

85 — Bande à dessin genre cachemire sur fond jaune d'or.

86 — Panneau en soie gros bleu rayée et tissée; encadrement en soie orange rayée rose et blanc d'argent.

87 — Panneau en soie rouge, dessin polychrome.

88 — Tapis en velours de Perse, fond rouge, à dessin polychrome.

89 — Trois pièces : tapis et dessus de coussins en étoffe brochée fond bleu et fond orange.

90 — Manteau en soie marron tissée d'or.

91 à 94 — Dix pièces en toile imprimée de Perse.

95 — Gilet persan, dessin par bandes fond vert et fond noir à fleurs.

96 — Panneau violet tissé d'or à la tour, oiseaux et inscription; destiné à la chambre du Schah.

97 — Tapis rectangulaire en velours rouge brodé d'oiseaux et d'entrelacs fleuris en fin et en soie.

98 — Tapis en gaze de soie fond bleu, dessin jaune et blanc, genre cachemire.

99 — Deux petits dessus de coussins en broderie de soie blanche ajourée.

100 — Napperon en broderie de soie blanche ajourée.

101 — Dessin de coussin rond en satin vert, broderie à rosace.

102 — Bisag en soie et velours avec franges.

103 — Petit panneau en broderie ajourée.

104 — Porte-pistolet en soie brodée en fin, orné de cuivre.

105 — Deux porte-cartes en velours brodé en fin.

106 — Deux porte-photographies en velours noir, brodé en fin.

107 — Porte-peignes en broderie de perles.

108 — Coffret de dame en velours rouge, brodé en fin.

109 — Deux paires de babouches et de souliers en cuir vert.

MANUSCRITS

LAQUES, BOIS SCULPTÉS

110 — Grand manuscrit : Histoire de la Perse enrichie de trente-neuf miniatures, reliure en laque d'or et polychrome.

111 — Manuscrit avec miniatures et enluminures d'une grande finesse d'exécution. Ancienne reliure en laque à fleurs.

112 — Album de poésies manuscrites, reliure en laque à fleurs et oiseaux.

113 — Album représentant dix-huit types persans, peinture à l'aquarelle, reliure en laque à personnages.

114 — Manuscrit : Histoire de la Perse, reliure en laque.

115 — Coffret en bois laqué, dessin à feuillages.

116 — Petit coffret ancien en laque, dessin à personnages et cavaliers.

117 — Petit miroir, monture en laque, à fleurs et oiseaux.

118 — Miroir, monture en laque, dessin à rosaces et arabesques.

119 — Miroir à main en laque à personnages et ornements.

120 — Tabatière en laque : Femme de harem endormie.

121 — Miroir en laque représentant : d'un côté, la Vierge et l'Enfant et de l'autre, une jeune femme et un enfant.

122 à 125 — Huit jolis encriers, décor à personnages, sujets allégoriques à la vie des rois et des patriarches, à fleurs et ornements.

126 — Trois miroirs, monture dite mosaïque.

127 — Curieux miroir en bois de santal sculpté, intérieur à inscription au dos.

128 — Deux custodes en laque mosaïque.

129 — Récipient de narghilé en noix de coco gravée.

130-131 — Trois coffrets en laque, décor dit mosaïque, de formes variées.

132 — Coffret en bois sculpté et gravé, dessin à animal fantastique.

133-134 — Quatre peintures : Scènes d'intérieur, cadres mosaïque.

135 — Six peignes en bois de santal.

136 — Ancien coffret en bois sculpté, à rosaces.

137 — Pipe avec tuyau en bois gravé.

138 — Boîte en laque à personnages, renfermant à l'intérieur une balance.

139 — Onze cartes en cuir peint, à personnages.

140 — Miniature sur ivoire, représentant une reine de Perse.

141 — Miniature sur ivoire, représentant un des anciens rois des Indes.

142 — Deux cartes à jeu en laque.

143 — Coffret avec glace à l'intérieur, en mosaïque persane.

144 — Dessus de table, de même travail.

145-146 — Douze cuillers à sorbets en bois sculpté.

147 — Trois autres en bois sculpté.

INSTRUMENTS DE MUSIQUE

148 — Tar, genre mandoline, de forme curieuse, en laque décor dit mosaïque.

149 — Tzemantché en os, bois et nacre.

150 — Tambourin en laque mosaïque.

151 — Tambour en laque, dessin mosaïque.

152 — Gourde de derviche sculptée.

153 — Flûte persane en laque dite mosaïque.

154 — Trompette en laque décor dit mosaïque.

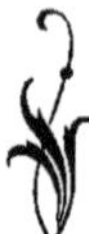

ARMES ANCIENNES

155 — Grand fusil à canon damasquiné d'or avec batterie à pierre, XVIe siècle.

156 — Joli petit fusil à canon damasquiné d'or, bois incrusté de nacre, XVIIIe siècle.

157 — Pistolet espingol, système à mèche, canon damasquiné d'or, bois incrusté d'ivoire, XVIIe siècle.

158 — Petit tromblon bois incrusté de nacre, canon damasquiné d'or, batterie à pierre, XVIIe siècle.

159 — Pistolet à pierre, canon incrusté avec cachet.

160 — Sabre courbé de Damas, garde et garniture du fourreau en fer incrusté.

161 — Poignard avec lame à gouttière, damasquiné d'or au serpent et inscriptions, manche en os sculpté, fourreau garni d'argent, XVIe siècle.

162 — Poignard avec lame à gouttière damasquinée d'or, manche en ivoire, XVIe siècle.

163 — Poignard à lame courbe à arête saillante incrustée d'or près du talon, manche en os à personnages, XVIIe siècle.

164 — Couteau à lame de Damas incrustée d'or, manche en mors, XVIe siècle.

165 — Arc en laque d'or et noire, dessin à personnages et animaux, avec six flèches.

166 — Hache en fer incrusté d'or, manche en laque.

167 — Massue et petite lance en fer incrusté.

168 — Trois fers de lances gravés.

169 — Trois poignards en fer gravé.

170 — Massue et hache en fer gravé.

171 — Fauchard en fer incrusté d'or, aux armes de Perse.

172 — Deux poudrières en fer.

173 — Fouet, manche en velours garni d'argent niellé.

174 — Bouclier, casque et brassard en fer gravé, ajouré et incrusté.

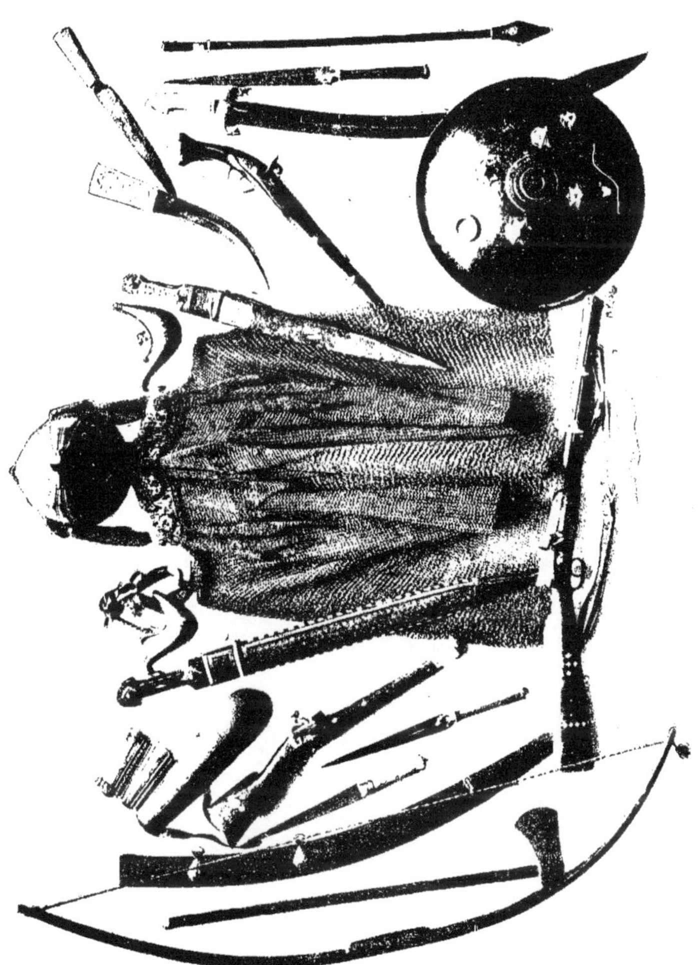

175 — Bouclier, casque et brassard en fer gravé et incrusté avec morions à figures de soleils.

176 — Bouclier, casque et brassard en fer gravé à ornements.

177 — Bouclier en peau de rhinocéros avec morions et croissants en cuivre, décor doré.

178 — Casque en acier gravé à inscription.

179 — Yatagan en acier incrusté d'or.

180 — Pistolet en acier incrusté d'or.

181 — Cotte de mailles en acier.

FERS, ACIERS ET CUIVRES

GRAVÉS ET INCRUSTÉS

OBJETS DIVERS

182 — Miroir sur pied en acier gravé et incrusté, dessin très fin à ornements et inscriptions.

183 — Melon avec branchage en acier damasquiné.

184 — Gourde de derviche en acier gravé et damasquiné à fleurs et inscriptions.

185 — Cassolette en fer gravé à personnages.

186 — Deux bouteilles en acier incrusté et gravé.

187 — Paire de flambeaux en acier, même travail.

188 — Deux vases acier gravé et incrusté.

189 — Aiguière et bassin en acier finement gravé et damasquiné, dessin à ornements.

190 — Faisan en acier gravé et incrusté.

191 — Cerf en acier gravé et incrusté.

192 — Canard même travail.

193 — Éléphant en acier damasquiné d'or.

194 — Deux petits oiseaux en acier damasquiné d'or.

195 à 197 — Trois poires, même travail.

198 — Deux étriers en fer.

199-200 — Quatre paires de mouchettes en fer.

201 — Deux lampes en cuivre gravé.

202 — Bassin circulaire en cuivre gravé à inscription kouffik.

203 — Lampe sur plateau adhérent en cuivre gravé, décor à inscription.

204 — Fer à repasser en bronze.

205 — Pot à anse en cuivre étamé et gravé.

206 — Aiguière et bassin en cuivre gravé.

207 — Sébile-veilleuse et lampe, en cuivre gravé.

208 — Petite suspension en cuivre étamé, gravé et émaillé, décor à arabesques.

209 — Plateau en cuivre gravé, décor à personnages et ornements.

210 — Jardinière en cuivre gravé, dessin scène de combat et ornements.

211 — Plateau rectangulaire en cuivre gravé, représentant une audience royale.

212 — Deux flambeaux étamés.

213 — Ecritoire en acier finement incrusté d'or. dessin à fleurs et inscriptions.

214 — Aiguière et bassin en émail peint de la Chine, fond jaune à médaillons.

215 — Grand seau persan en cuivre étamé et gravé, à inscription.

216 — Deux grands cadenas en fer.

217 — Jardinière en bronze gravé, à inscription.

218 — Coupe en cuivre étamé et gravé.

219 — Coupe en étain, incrusté de bronze.

220 — Coupe en cuivre gravé, à inscriptions.

221 — Deux couvercles en cuivre finement ciselé à jour, à personnages et animaux.

222 — Petit plateau en cuivre gravé à personnages.

223 — Coupe en cuivre gravé, à l'intérieur comme à l'extérieur.

224 — Trois bottes à allumettes en cuivre gravé.

225 — Encrier en bronze finement gravé.

226 — Deux coupes en cuivre étamé et gravé, à personnages.

227 — Plateau hexagonal en acier gravé, à inscriptions et à scène d'intérieur.

228 — Bougeoir en bronze incrusté de turquoises et de grenats.

229 — Encrier en bronze orné d'incrustations de turquoises.

230 — Boîte en bronze incrusté de turquoises et de grenats.

231 — Encrier en acier damasquiné d'or.

232 — Lot de monnaies anciennes en cuivre.

233 — Douze pièces de monnaies anciennes en argent.

234 — Quatre hydres en heghighe, dont une finement gravée.

235 — Dix cachets anciens en pierres dures gravées à personnages et animaux.

236 — Douze œils de chats, cachets, etc.

237 — Bague ornée d'une turquoise finement gravée à caractères arabes.

238 — Epingle en cristal de roche gravé à caractères konffick.

239 — Boucle de ceintures en bronze orné de turquoises et de grenats.

240 — Médaillon en émail représentant Keykobad, roi de Perse.

241 — Deux petits médaillons en émail représentant les reines de la Perse.

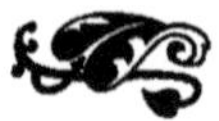

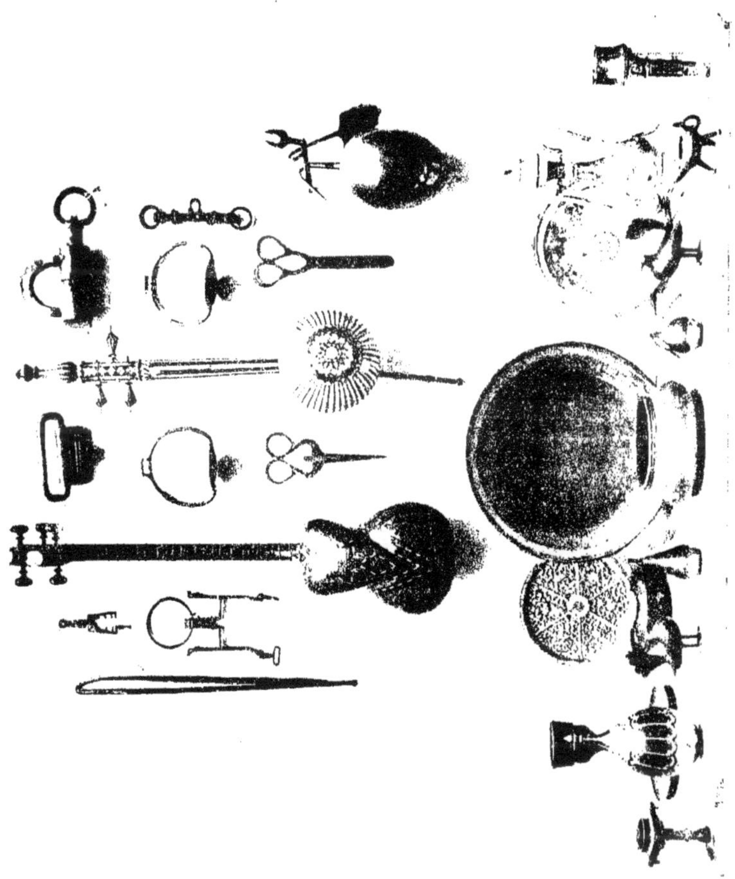

FAÏENCES DE PERSE

242 — Plat, décor à feuillages et ornements; au revers, à arabesques à reflets métalliques. xve siècle.

243 — Bol, décor à ornements à l'intérieur comme à l'extérieur, à reflets métalliques sur fond blanc xve siècle.

244 — Vase, décor en brun à oiseaux et paysage.

245 — Bouteille, décor en brun par bandes fleuries.

246 — Porte-bouquets, décor en brun sur blanc.

247 à 249 — Trois coupes, décor à reflets métalliques à dessins variés.

250 — Bouteille, décor sujet de chasse et tulipes.

251 — Vase, décor à animaux.

252 — Bol, décor à sujet de chasse.

253 — Cornet, décor à fleurs et arabesques.

254 — Vase, décor à rosaces et branchages fleuris.

255 — Bouteille, décor à personnages, paysages et oiseaux.

256 — Aspergeoir fond bleu à fleurs et oiseaux.

257 — Vase, décor à personnages et animaux.

258 — Bouteille, décor à oiseaux et fleurs.

259 — Deux vases cylindriques, décor à personnages, fleurs et oiseaux.

260 — Aspergeoir, décor à arabesques fleuries.

261 — Bouteille, décor analogue.

262 — Deux vases, décor à fleurs et arabesques.

263 — Douze salières bleues.

264 — Quatre plaques, forme étoiles, décor animaux et fleurs.

265 — Plaque carrée à reflets métalliques fond bleu.

266 — Plaque rectangulaire, décor représentant le Schah dans son harem.

267 — **Plaque** carrée représentant les sultanes assemblées et goûtant.

268 — Plaque carrée représentant une fête de danse et de musique.

269 — Deux plaques représentant des cavaliers.

270 — Plaque forme étoile à reflets métalliques.

271 — Huit carreaux fond bleu à rosaces.

272 — Deux plaques forme croix à reflets métalliques, décor cerf courant.

273 — Petites plaques à reflets métalliques à inscriptions, caractères bleus.

274 — Deux plaques longues, décors à inscriptions sur fond à entrelacs fleuris.

275 — Plaque exagonale fond brun, dessins en relief à rosace.

276 — Narghilé en faïence avec fourneau émaillé.

277 — Objets omis.

www.ingramcontent.com/pod-product-compliance
Ingram Content Group UK Ltd.
Pitfield, Milton Keynes, MK11 3LW, UK
UKHW020500180726
13839UKWH00004B/1837